Book cover by:

Frank Rolf Josef Pöhlmann

(Mein geliebter Sohn)

„Amarenabecher"

Eisdiele L'Arena

82538 Geretsried

Mit freundlicher Genehmigung

Inh. Roberto Donno

Herstellung und Verlag:
BoD - Books on Demand, Norderstedt
ISBN 978-3-7431-8950-8

„Seelenbalsam

eines

Erdenengels"

Sechstes Buch ab 2017

Soul food of an Earthangel

Clarissa M. Seite

Der wendige Affe als Krafttier

Der Affe möchte dir die Leichtigkeit und den Spaß wiederbringen weil ....

es wichtig ist die Freude im Leben zu leben.

Wann hattest du in deinem Leben so richtig Spaß & Freude.

Wann ging dein Herz voller Freude auf.

Wann warst du wieder mal so richtig glücklich & zufrieden in dir und deinem Herzen?

Wenn der Affe jetzt in dein Leben kommt, um dir das Alles wieder zu bringen.

Der Affe zeigt dir durch seine
Wendigkeit und vor allem auch durch
seinen Charme wie es gehen kann.

Er ist ein witziger kleiner Kerl und hat
viel Ausdauer in seinem Tun.

**Also, hab Geduld mit dir und übe
dich jeden Tag in der Freude mit dir
und in Gesellschaft.**

Lachen hilft dir den Zugang zu dir und deinem inneren Potential an Spaß und Freude (wieder) zu finden.

Wie ein kleines Kind spielen und einfach den Tag in vollen Zügen genießen kann so richtig erheiternd sein und dir das Kleine und doch große Glück im Moment (wieder) bringen!!

Spaß haben - lachen - rumalbern - fun haben - spielen - albern sein

Sei offen und neugierig was dir der Tag zu bieten hat; nimm es locker & leicht und schaue dir die Dinge und Gegebenheiten von einer anderen Warte aus an.

Was macht dir Spaß und wie kannst du dir den Tag versüßen mit Kleinigkeiten - einem Lächeln - einen Witz am Rande oder einfach mit anderen sich auch mal harmlos über etwas lustig machen hilft sehr dabei.

Es gibt so viel zu entdecken im Reich der Freude und dem Spaß!

Auch kann es dir behilflich sein,
einfach mal die Dinge anders
anzugehen.

Raus aus alten Pfaden und auf
Entdeckungsreise zu sich selbst gehen.

Die Dinge anders machen - offener sein
und auch einmal über seine sichere
Grenze hinaus gehen.

Raus aus der Komfortzone und ins
ungewisse rein hüpfen.

Das macht der Affe ständig und freut
sich voller Überraschung was nun
passiert.

Der Tag eines Affen ist nie langweilig,
da er sich immer wieder gewisse
Herausforderungen sucht und diese
auch mal bis ins kleinste Detail
ausreizt.

Warum denn auch nicht, hast du was zu
verlieren außer dich selbst!?

In Langeweile und Ödness, bis du zu nichts mehr fähig bist und nur noch so dahin wanderst.

Gestalte dir den Tag nach deiner Lust und Laune mit einer großen Portion Humor und Witz!

Gehe auf Entdeckungsreise ...

Was bereitet dir Spaß und Freude.

Du wirst sehen, dass sich die Welt nun in anderen Farben gestalten wird und du es kaum erwarten kannst wieder den Tag NEU beginnen zu dürfen.

Jetzt hat das Leben wieder mehr Sinn!

Auf auf, wie der Affe, der immer für eine Überraschung gut ist.

Affirmation:

Ich bin offen - neugierig und frei!

Jeden Tag aufs NEUE!

Der Weg zum Herzen

Mögliche Affirmation:

"Mein Glück ist mir gewiss; Wunder geschehen jeden Tag aufs NEUE" ♥

Gefühl über Verstand

Herz über Kopf

Gefühl über Verstand

Kommunikation von Herz zur Seele

In sich spüren & fließen lassen.

Wahrhaftigkeit mit dem Einhorn erleben dürfen!

Wenn das *Einhorn* oder die *Einhörner der goldenen Lichtherde* in dein Leben kommt, dann weil es wichtig ist wieder zu seiner Wahrhaftigkeit zurück zu finden.

Lebe deine

„Wahr-Haftig-Keit „

in dir und deinem Sein!

Dein Herzensruf hat dich erreicht und dein Einhorn als Fabelwesen möchte dich nun begleiten auf deinen Weg der Klarheit - Ehrlichkeit - Wahrheit!

Klarheit - klarer Blick - Klärung - Claire - Clarissa

Das sogenannte Einhorn bringt dir nun
das Wissen von der spirituellen Welt -
den oberen Mächten hernieder

(Symbolisiert durch das Einhorn –
dritte Auge), um dich in deinem
Glaubensweg zu begleiten.

*Alles was sich dein Herz wünscht,
wird vom göttlichen Prinzip
unterstützt.*

Warum, weil es rein - pur - klar ist und
gehört und gelebt werden möchte.

Das Einhorn möchte dich stärken und
sicher begleiten.

Es führt dich zum Ursprung zurück -
Ins Licht!

Du bist ein Lichtwesen

*Göttlicher Funke in Dir wahrnehmen
und nun wieder voll und ganz leben*

**Du - wir Alle sind
Lichtwesen und unser
Körper ist feinstofflich
zugleich auch wenn wir**

das so nicht mehr (oder wieder öfters) wahrnehmen.

Jetzt ist es an der Zeit dies wieder zu spüren wer du wirklich bist.

LICHT - LIEBE - FREUDE - FRIEDEN

WANDLUNG auf Allen Ebenen geschieht.

Deine Seele will nun die WAHRHEIT - WAHRHAFTIGKEIT leben.

Bedingungslose Liebe im Herzen leben.

Sei klar zu dir und höre auf mit dem Verrat an dir und deiner Seele!!

Seelenanteile zurückholen.

Seelenliebe & Seelenpflege leben

Seelenheil

Heilung

Wenn die Seele liebt

WANDLUNG steht bevor und das Einhorn wird an deiner Seite voller Mut und Kraft stehen und dir die Erkenntnis deiner wahren Intension schenken!!

Reinige - Kläre dich und beginne von nun an Klar & Ehrlich deinem Herzensweg zu folgen.

Affirmation:

Voller Liebe & Licht lebe ich nun meinen Herzensruf.

Mein Seelenpotential will sich jetzt offenbaren und dem göttlichen Prinzip voll und ganz folgen!

Wenn die Seele liebt, gibt es kein zurück mehr.

Das Einhorn als Fabelwesen symbolisiert die Anbindung an das göttliche: die göttliche universelle Kraft durch das Einhorn zwischen den Augenbrauen als die Verstärkung wie eine verlängerte Antenne durch die Platzierung an der Stelle des dritten Auge als sogenannte Sehereigenschaft.

Einem Pferd wird auch oft die Kraft des Seelenblickes nachgesagt.

Wenn dir ein Pferd in die Augen schaut, dann sieht es direkt in deine Seele.

Und du findest das Glück immer auf dem Rücken eines Pferdes!

Der Weg ist das Ziel - Konfuzius

Wenn die Seele liebt ..

gibt es kein zurück mehr!

Seelenliebe was ist das ... was bedeutet die Seele liebt.

Bewusstwerdung der Eigenschaften der Seele; die Basis der Kraft und des unentwegten Antriebs über viele hunderte und / oder sogar tausende von Jahren als Reinkarnation des Wesens; als Mensch - Tier - Pflanze - Stein - Funke - Energie.

Wenn die Seele sich befreit hat

Die Kraft die aus der Seele entspringt
und uns unaufhörlich zu neuen
Erfahrungen und Ufern unseres Selbst /
Sein treibt.

Lebensziel!

Eine starke Antriebsfeder für die Erweiterung von Wissen und Tugenden.

Wenn die Seele liebt, gibt es kein zurück mehr denn ...Sie will es wissen ... was folgt als nächstes Ziel ...

Das große Thema der Seele ist immer die ...

Liebe und das Bestreben nach Erfüllung!!

Die Liebe in sich tragend und diese möchte in Allen Facetten / Ebenen ob

Körperlich - platonisch - geistig - seelisch

gelebt und mit *der Kraft der Liebe zum Ausdruck* gebracht werden.

Wenn die Seele liebt dann ...

Die Seele als Ausdruck und Verkörperung von Reinkarnation und Wiederkehr des Seins - immer und immer wieder in etwaigeren Daseinsformen oder einer ganz bestimmten SEIENSFORM (Dalai Lama der 14te).

Erfüllung als Lebensziel!

Weiterentwicklung auf Allen Ebenen des SEINS!

Als höchstes Gut der Seele für die Einheit von Körper und Geist!

Liebesausdruck als reinste Form und Wirken der Seele!

Kong Ming Laterne als Symbol für aufsteigende Seelen

Ehrung der Verstorbenen.

WIEDERGEBURT als nächste SEIENSSTUFE

Als Möglichkeit der Weiterentwicklung zur angestrebten Vollkommenheit.

Zumindest den Wunsch und die Hoffnung auf dieses *"EINSEIN"*.

Alles ist ein ständiger Kreislauf - Kreis - Ring als Symbol dafür.

Miteinander oder in sich Eins sein.

Loslassen (Tod) und wiederkehrend (Geburt).

Wir finden dies in dem Kreislauf der Natur durch unsere Jahreszeiten sehr gut wieder.

Altes stirbt um wieder neu befruchtet und geboren zu werden.

Wenn die Seele liebt, dann ist das ein Ausdruck von Ankommen in einer bestimmten Form von SEIN.

Das, was sich die Seele als Ziel vorgenommen hat.

Ein Ankommen in eine Heimat des Glücks.

Ein Verweilen in Liebe mit purer Energie.

Bedingungslos!!

Bedingungsloser Liebe als hochfrequentierte Energie.

Rein

Klar

Pur

Eben voller Liebe!

Wie ein Einfinden auf der Stufe des Kronenchakras (7 -Stufe - höchste Seiensform eines Yogi's), mit all ihren wundervollen Spektralfarben (Regenbogenfarben nur durchsichtiger).

Eine gewisse Erleuchtung - Verstehen des Weges läutet sich nun im Bewusst-Sein ein.

Schwebend - fließend - federleicht.

Wenn die Seele liebt, gibt es kein zurück mehr!

Die Seele hat das wiedergefunden nachdem es schon immer strebte.

LIEBE

Ur-Wurzeln an:

Liebe – Vertrauen – Wertschätzung –
Achtsamkeit - Licht

Verwurzele Dich mit deinem Ur-Vertrauen!

Herzensbegegnungen sind so wertvoll!!

Weil Sie auf einer sehr hohen Frequenz schwingen und Alles und jeden heilen können!

Warum werde ich in der Liebe immer so verletzt?

End - Täuschung!

Oft höre ich in *Freundschaften und Partnerschaften*, dass der verlassene Mensch dies äußert!

Warum werde ich immer verletzt ... verlassen ... missachtet ... meine Gefühle nicht ernst genomnen.

Ich denke auch, dass es hier um das *innere Kind* geht ... als Kind nicht geachtet - geliebt - fehlender Respekt und Wertschätzung und als Erwachsener auf der Suche nach diesen Eigenschaften nach einen Mann oder Frau, die dies verkörpern und spiegeln

... einen die verletzten Seelenanteile zurück geben

... aber ... oder aber auch oftmals genau das Gegenteil von dem spiegeln und als Gegenüber (Partner) repräsentieren, was genau in Dir an eigenem Defizit / Mangel als Lücke besteht wie:

Liebe

Respekt

Wertschätzung

Vertrauen

Licht

In erster Linie geht es immer um die eigene

HALTUNG &

HEILUNG

die dann eigenommen werden darf!

Sich selbst Lieben!

Wertschätzen

und den Respekt zollen, dann sind die "Grenzen klar" und es werden Partner - Freundschaften angezogen (Resonanz), die einen dies auch widerspiegeln ...

Also, der Ausgangspunkt bist immer DU selbst!!

Achte und übe dich in deiner Haltung (Grenzen) was geschehen darf und was nicht.

Was wünschst du dir und wie bist du selber drauf.

Wenn du dir wünschst, dass dich jemand anlächelt dann lächle selbst!

Wenn du dir wünschst, dass dich jemand achtet und wertschätzt, dann übe dich in diesen Eigenschaften.

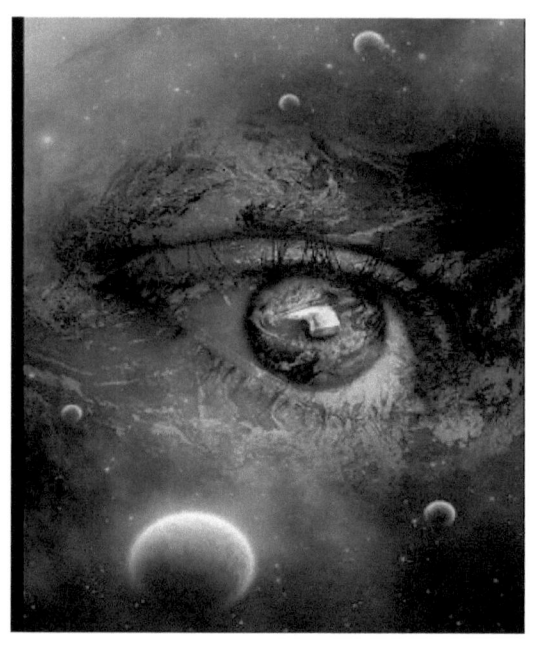

Pflege dich und dein inneres Kind und übe dich in Achtsamkeit und Liebe.

Werde zu deinem Glückes Schmied!

Wie?

Übe dich in deiner Pflege zu Dir.

Wer möchtest du sein und was möchtest du verkörpern.

Das Unschuldslamm

Der Vampir

Der Boss

Die Liebende

Die Mutter

Der Vater

Der gestärkte unabhängige Abenteurer

Die Lustgöttin

Der Tyrann

was schwebt dir vor und was kannst du tun, um dich in deiner Person zu lieben und zu respektieren?

Werde dir über dich und dein wahres Selbst bewusst!

Schüler & Lehrer zugleich, indem du dich in der Schule des Lebens bewusst bewegst und immer wieder lernst.

Spiegelarbeit

eventuell durch Coaching

Körperarbeit

eventuell durch Ausdruck und Tanz (Theater)

Kreativarbeit

Malen und Basteln

Seelenarbeit

Glauben und Ziele

Welche Werte wünscht du dir in deinen Leben und wie kannst du diese umsetzen.

Selbst zu dem werden, was du dir im Außen wünschst.

Es gibt so viele Möglichkeiten sich selbst zu erfahren und an sich zu arbeiten; raus aus der Opferhaltung und rein in ein selbstbestimmtes Leben.

Üben & lernen

Heilung geschieht!

Liebe und achte Dich ... sei sorgsam mit und zu dir und deinem inneren Kind - Pflege und achte dich und deine Bedürfnisse!

Love & Light

Clarissa M. Seite - Praxis für Psychotherapie nach dem Heilpraktikergesetz [HeilprG]

Der Weg ist das Ziel! – Konfuzius*

Die Igelfamilie als Krafttierfamilie

Die süßen kleinen Igelchen wollen so gerne bei dir sein ...

sie schützen sich durch Ihre Stachel jedoch sind sie im inneren so zart - weich und kuschelig angenehm.

Ihre Schnüffelnasen und Kulleraugen zeigen Ihr wahres Gesicht voller Zärtlichkeit und Liebe auf!

Mit zarten Krallen halten sie behutsam
die Dinge fest um diese zu genießen
und nicht weil sie Macht ausüben
wollen ...

Ganz und gar nicht, wer einmal die
Igelfamilie kennengelernt und in sein
Herz gelassen hat, will sie nie wieder
missen geschweige denn los lassen.

Sie sind Herzensbegleiter - lieb und freundlich und wollen einfach ein gemütliches Zuhause, was sie beschützt und Ihnen angenehme Stunden bereitet.

Schutz - Wohlbehagen und versorgt sein sind hier die eigentlichen Themen der Igelfamilie als Krafttier!

Auch die Schnecke bietet ähnliche Attribute wie die Igelchen an:

Wohlfühlen

Zuhause sein

Gut gehen lassen

Geborgenheit

Wohlig warm und wohl genährt sich in wohlverdiente Bettchen begeben sind solche wichtigen Punkte im Leben eines Igel und auch die Schnecke mag dies sehr.

Wenn du dem Igel in irgendeiner Art begegnest, hat es immer was mit

Fürsorge und Allgemeinem Wohl zu tun.

Was brauchst du um dich wohl zu fühlen und in dir Wohl zu SEIN.

Affirmation:

Ich erschaffe mir einen Ort des Wohlseins!

Ich bin immer beschützt und sicher geborgen!

Ich bin mir wohl gestimmt!

In diesem Sinne

Auf dein Wohl!!

Love & Light eure Claire

SELBST-WERT-SEIN!

Was bin ich mir WERT!?

Bin ich es mir Wert geliebt zu werden ... so wie ich bin ... mit all den vermeintlichen Ecken und Kanten ...

Mögliche Affirmation:

Ich bin es mir WERT geliebt zu werden!

Was bin ich und wer möchte ich SEIN?

Mögliche Affirmation:

Ich bin ruhig - gelassen - selbstsicher & STARK!

Was bedeutet SELBST-WERT?!

Was bin ich mir WERT

Welchen WERT hat mein SELBST?!

- SELBST-ACHTUNG!

Mögliche Affirmation:

Ich achte mich SELBST - Ich achte auf mein SELBST - Ich bin ACHTVOLL mir SELBST GEGENÜBER (SPIEGEL)

WIE:

Wo sind meine persönlichen Grenzen ... wie weit dürfen diese Überschritten werden ...

Wie möchte ich, dass mein Gegenüber mit mir umgeht ...

Welche Qualitäten müssen hier mitgebracht werden, um eine echte

"Partnerschaft - Freundschaft"

liebevoll mit-ein-ander gelebt werden kann.

Ehrlichkeit

Freundlichkeit

Liebevolles Miteinander

Achtsamkeit

Respekt

Verlässlichkeit

Vertrauen

Grenzen wahren

Freiräume wahren

Loslassen aus Co-Abhängigkeiten

Keine Gewalt

Raus aus Miss Achtung

Raus aus Schuldzuweisung

Was bin ich mir WERT?

Audioaufnahme YouTube 03.2017

Mögliche Affirmation:

Ich verdiene mein Aller Beste!

Ich gehe achtsam mit mir und meinem Gegenüber um.

Ich bin liebevoll

Ich bin sorgsam

Ich bin großzügig

Ich bin Liebe

Ich bin voller Mit-GEFÜHL

Ich bin Barmherzig

Ich verdiene mein Aller BESTES!!!

Alles was ich bin, finde ich auch in meinem Gegenüber als Spiegelresonanz!

Das heißt:

Bin ich in einer Opferhaltung - wird mein Gegenüber eventuell zu stark reagieren und zum Täter werden ...

Bin ich Grenzenlos, wird mein Gegenüber nicht nur den kleinen Finger sondern die ganze Hand einnehmen.

Bin ich schwach, wird mein Umfeld zu Stark auf mich einwirken.

Wo sind meine Grenzen!?

Wie komme ich in eine ausgewogene Haltung, damit

"GEBEN & NEHMEN"

stattfinden kann.

Wer bin ich und was möchte ich zukünftig leben ...

Schritt für Schritt - raus aus Illusion und rein in die Vision eines

"NEUEN & BESSEREN"

durch:

Tägliches Üben

Spiegelbewusstsein

Was ich aussende kommt zurück.

Mein Verhalten spiegelt sich im AUSSEN

Be-Wusst-SEIN!

Raus aus Co-Abhängigkeiten

Ich stärke mein Selbst-Bewusst-Sein durch:

Achtsamkeit mir Gegenüber

Liebevollen Umgang mit mir SELBST

Ich setze Grenzen und achte diese SELBST

Ich bin STARK

Ich bin MUTIG

Ich bin LIEBEVOLL

Heilung geschieht Jetzt!

Mögliche Affirmation:

Ich bin voller Respekt und achtsam gegenüber meinen Wünschen und Bedürfnissen!

Ich bin glücklich - gesund & heil

Ich pflege meine Bedürfnisse und gebe diese in erster Linie mir selbst!

Raus aus Abhängigkeiten

Ich pflege meinen Körper

Ich pflege meinen Geist

Ich pflege mein Seelenheil

Ich pflege mein Vertrauen zu mir und vertraue meinem Gefühl / Intuition!

Ich vergebe meiner Herkunftsfamilie und beschreite meinen eigenen besseren Weg voller Eigen-Verantwortung!

Ich liebe mich!!

Ich bin es mir Wert, mich jeden Tag aufs höchste zu lieben!!

Ich bin es mir Selbst - WERT

Ich bin es mir Wert und verdiene höchste Achtung - Respekt - Höflichkeit – Wahrung der Grenzen - Ehrlichkeit - gutes Einkommen -

"DAS BESTE"

... ist gut genug!

Die Rose symbolisiert die reine LIEBE

Oftmals ein Liebesbeweis!

… wenn ein Mann diese der Frau oder die Frau diese wundervolle Rose einen Mann schenkt.

Wenn die Seele liebt, gibt es kein zurück mehr

Warum ist das so …

Die Seele lebt weiter – immer weiter in seinem SEIN … egal wie und wo und wann.

Zeit spielt keine Rolle.

Der Fuchs & der Rabe –Elster als Krafttier ...

Weiter auf meinem Blog:

ClarissaSeite.Tumblr.com

Wenn dir der schlaue Fuchs begegnet, will er dich auf dein inneres Wissen aufmerksam machen.

Du trägst dein Wissen in Dir!

Intuitiv folgt er seinem Instinkt und lässt sich von äußeren Umständen nicht abbringen.

Er ist auf der Jagd ... voller Erfolg bringt er seine Beute in seine Erdhöhle um sie dort zu verspeisen.

Begebe dich sinnbildlich auf die Jagd nach dir und deiner Berufung.

Was bedeutet für dich Erfolg-Reich – Erfolg zu haben.

Kannst Du es zum jetzigen Zeitpunkt klar benennen oder musst du dem Fuchs in dir noch eine Weile folgen, um diese Erkenntnis zu erlangen.

Der Wolf als Krafttier

Blog: ClarissaSeite.Tumblr.com

YouTube: Wenn der Wolf als Krafttier in dein Leben kommt und dir begegnen will!

Seelenruf! Lausche dem Ruf des Wolfes

Der Bär im Traum auf einem Amulett mit einem Fisch im Maul

Krafttier Bär!

Er spricht immer über die Seele zu dir, also erschien er mir im Traum …

Seelennahrung - eine Botschaft, nach dem ich den großen Hund (mein Begleiter da oben gewesen) mit der Hälfte meines Pfannkuchens gefüttert hatte … kam der Indianer um mir das Amulett aus Holz zu zeigen …

Der Bär spricht mit dir und jetzt ist die Zeit gekommen Kräfte für deine nächste Aufgabe zu sammeln …

Der Bestimmung in deinem Leben zu folgen ... Lebensbestimmung - Berufung steht nun ganz oben auf dem Plateau (von oben auf dem Plateau wurde mir der Indianer mit seiner Wegweisung / Einweihung gesandt).

Ruhe dich aus und sammle deine Kräfte und genieße auch mal den Honig des Lebens.

Folge deinem Weg und wisse, dass du immer unter den Schutz der Weisen stehen wirst.

"Du bist Kraftvoll wie ein Bär und wenn du Fisch brauchst, esse Fisch"!

Nähre dich wohl mit all dem was einen guten Schamanen / Schamanin ausmacht.

Folge dem Rhythmus deines Herzschlags und schreite gleichmäßig im Wissen und gewissenhaft voran.

"GLEICHGEWICHT"

Ausruhen und Kraft sammeln um das Große in den stürmischen Zeiten zu vollbringen.

"INNENSCHAU"

Das habe ich heute Nacht (26.12.2016) geträumt!

Bin oben, wo auch immer das war, mit Menschen und einer Freundin gelaufen und ein großer Hund wollte unbedingt von mir gefüttert werden, sodass ich ihm die Hälfte von meinem Pfannkuchen abgab.

Die Landschaft da oben auf dem Plateau war einzigartig und so ähnlich wie aus den Anden oder Arizona … Sandig bräunlich, einfach nur schön und angenehm!

Dann stand plötzlich ein Indianer / Medizinmann, wie man ihn aus zahlreichen Geschichten kennt, neben mir und zeigte mir ein Schmuckteil aus Holz, ein Amulett mit einem Bären, der einen Fisch im Maul hält, stehend auf einen Wasserfall. Der weise Mann erzählte mir eine kleine Geschichte, deren Inhalt ich nicht mehr weiß aber ich denke, ich werde dies bald erfahren oder mir über den Weg begegnen.

Ich schaute runter auf meine rechte Hand und hatte eine bunte Tätowierung mit diesem

„Auge des Medizinmannes"*

über der ganzen Hand!!

"Einweihung"

Wunderschön, mit tollen Farben wie rot im Inneren, dann gefolgt vom SonnenGelb und mit der Außenumrandung von einem hellen Himmelsblau.

Dann klingelte es und ich stand heute früh auf um zu sehen, wer da wohl mich besuchen kommen mag …. niemand stand vor der Tür aber symbolisch wohl und vermutlich eine Nachricht auf dem Weg.

Love & Light eure Claire

Auge des Medizinmannes*

Ein schamanisches Symbol für spirituelle Weisheit | "Medicine Mans Eye:

*Sign of Spirituality"**

Das indianische Zeichen "Auge des Medizinmannes"* deutet auf das umfassende Heilungsverständnis indianischer Schamanen hin und ist ein Symbol für Weisheit und Lebenserfahrung. Krankheiten werden im Wesentlichen als spirituelle Fehlhaltungen gesehen und auch auf spirituellem Wege geheilt. Das setzt ein tiefes Wissen über die Traditionen und Lebenzusammenhänge des jeweiligen Volkes und individuelle Menschenkenntnis voraus. Das Auge des Medizinmannes schaut hinter die Erscheinung der seelischen und körperlichen Krankheit auf Ihre spirituelle Ursache. Dargestellt wird dieses Symbol durch eine Kombination von Zeichen, die auf eine Kiva (Kulträume der Pueblo Völker) hindeuten. Die beiden nach außen deutenden Linien symbolisieren die Leitern über die man in das Innere der Kivas gelangen kann. Die Treppenformen symbolisieren Wolken.

*

… und dann kam der Bär mit dem
Fisch im Maul …

durch den Indianer an einem Stand mit
Schmuck gezeigt …
ein Amulett aus Holz mit dem
Anhänger Bär & Fisch.

Bär und Fisch

In meinem heutigen Traum wurde mir
aus Holz ein Kette mit Amulett (Bär
und Fisch auf einem Wasserfall
stehend) durch den Medizinmann /
Indianer gezeigt und er hielt es ganz
fein und besonders in seiner Hand und
als ich runter auf meine Hand schaute

hatte ich das Symbol des Medizinrades auf meiner rechten Hand tätowiert gehabt. In wunderschönen leuchtenden Farben …

"Einweihung"

Symbol für Heilkraft | "Baer Fetisch: **Healing Power**"*

Der Bär, einst wichtigstes Jagdtier der Indianer des Südwestens wird noch heute besonders verehrt. Er gilt wegen seiner großen Kraft als Heiler. Bärenfetische als Steingravuren oder als Silberschmuck werden wie bei unserem kleinen Ohrstecker mit einem Bärentatzensymbol oder mit einer Blitzlinie, der sogenannten Heartline verziert, womit die Kraft und Schnelligkeit hervorgehoben wird.

*

Quelle: Google*

VERBINDUNG

II

Im Wesentlichen verbunden sein ist
heute wichtiger und bewusster zu leben
als denn je ...

Ich fühle mich VERBUNDEN heißt im
wesentlichem ...

Herz zu Herz ...

Magnetismus vom feinsten ...

Du bist es mir wert, da ich mich mit dir
verbunden fühle ...

Ich fühle mich verbunden mit all den
Engeln - Wesen - Heiler auf Mutter
Erde und im Vater Himmel weil ...

Ich spüre diese Liebe und Geborgenheit

Ich fühle mich verbunden mit meinen
Stammesbrüdern und Schwestern weil
sie mir eine feste Gemeinschaft
darbieten.

Im Glauben fühle ich mich wohl und
gut aufgehoben - verbunden.

Es spendet mir Halt, zu wissen, dass
Menschen & Wesen für mich da sind
und sich um mich kümmern.

Es Ihnen wichtig ist, wie es mir geht!

Ich verbinde mich mit all der
Herzensliebe und gebe diese gerne
weiter …

Ich sende liebe aus und segne was sich
mit mir in Verbindung setzt, weil es das
Miteinander als die Verbundenheit
fördert.

Je mehr wir und verbinden mit:

positiven Glaubenssätzen

Ritualen

Segnungen

Fürbitten

Gebeten

Licht & Liebe

umso mehr wird sich diese Energie verbinden & heilen!!

Unsere Mutter Erde und Vater Himmel bedürfen auch dieser wertvollen Energie, denn es ist jetzt an der Zeit sich in Verbundenheit miteinander zusammen zuschließen und diese Heil-Energien fließen zu lassen!

ERDE

WELT

UNIVERSUM

Wir verbinden uns in ein neues

Be-Wusst-Sein

und leben nun voller Achtsamkeit & Liebe.

Alles was wir aussenden kommt immer und immer wieder zu UNS ALLEN zurück, da wir im Kollektiv miteinander verbunden sind.

LIEBE - LICHT - FRIEDEN - WOHLWOLLEN - WOHLSEIN - FREUDE - HEILEN - HELFEN - MITEINANDER VERBUNDEN SEIN

Lesen stärkt die Seele

Voltaire

Wenn ich lese, kann ich zur Ruhe kommen und mir über das geschriebene Wort Gedanken machen und diese verinnerlichen wie das Wort

Liebe

Glück

Freude

Partnerschaft

Freunde

Im Einklang mit Sich und der WELT

Im ewigen Kreislauf des SEINS

ALL-EIN-SEIN

Mediale Acht / Kinesiologische Acht-
weiter auf meinem Blog!

Krafttier Rotkehlchen in dein Leben fliegt

... dann geht es ums Abschied nehmen
... um die entstandene Lücke mit

Neuem füllen zu können!

Das Rotkehlchen ist auch dem ***germanischen Gott Thor*** angebunden, denn es würde Ihm aufgrund des roten Brustfels als Symbol für die Donnerkraft und den Blitz zugeordnet.

Auch kann es sein, das wenn du einem Rotkehlchen begegnest es darum geht alte Vorstellungen, Visionen und Wünsche loszulassen.

Freundschaften - Partnerschaften und /
oder berufliche Veränderungen stehen
bevor und wollen entweder neu
geordnet oder gar verabschiedet
werden!

Altes möchte gehen und sich durch
Neues verschönern und weiter
entwickeln.

Das Rotkehlchen ist auch ein Überbringer der anderen Welt, der Welt der Seelen - Verstorbenen oder eines geliebten Menschen, der nicht mehr oder gerade nicht in deiner Nähe weilt.

Es sind Herzensgrüße, die dir die ***"Geborgenheit und Wärme"*** bringen möchten.

Oftmals wird durch den Besuch des Rotkehlchens angezeigt, dass es jetzt Zeit geworden ist loszulassen und jetzt der Zeitpunkt des NEUBEGINNS bevor steht!

Nimm den liebevollen Besuch als Zeichen und höre in dich hinein ... du wirst wissen, was an der Zeit ist zu gehen - zu verändern oder sogar zu erneuern gilt.

Freundschaften

Verbindungen

Partnerschaften

Herzensangelegenheiten

Visionen

Veränderungen aller Art ...

stehen auf dem *Speiseplan des Lebens* und sind nun bereit sich dem Fluss des Lebens hin zu geben .... fließen lassen, egal wo hin es fließt ... oder ganz und gar

Loslassen

Neu werden lassen

NEU-BEGINN

Neu sehen lernen

"Blick - Winkel - andern" ... geschieht durch ... tun

NUR MUT!

Wer es wagt den "Blick - Winkel" zu verändern, wird zum wahren Meister seines Umfeldes und somit seiner SELBST ganz und gar bewusst!

Er verändert seine Sichtweise der Dinge und wird im Tarot

Der Gehängte #12 genannt, weil er ganz "ent-spannt" seinen

Blick-Winkel ändert und somit automatisch zum *"Sehenden"* wird.

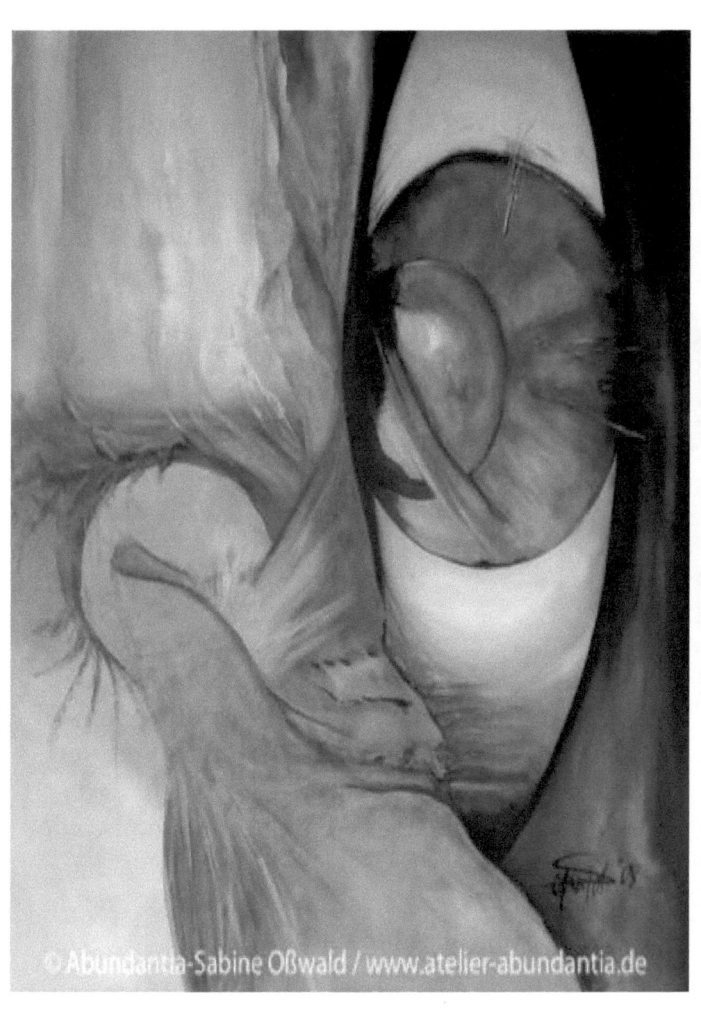

#1 der Magier ...

Der Magier, der mit den Elementen im Gleichgewicht agiert (Erde (Münze) - Mit Gefühl (Kelch) und Verstand (Schwert) intuitiv und reichem Wissens (Stab) handeln)

#2 die Hohepriesterin ...

Die Hohepriesterin, die durch Ihr spirituelles Wissen und intuitiv geduldiges Sehen & Er-kenn (t)en (nis) erlangt und auf den Punkt bringt (Tora in der Hand und Granatapfel im Bild)

Er erweitert sein "sehendes Feld" und sieht über den Tellerrand hinaus
Somit kann die Welt "groß & weit" werden mit all Ihren bunten Facetten.

Eine reiche Sicht und Erkenntnis, wie ein Kristall, der viele bunte Spektrallichtfarben strahlt & reich im Licht funkelt.

Durch das Sehen wird die Welt erhellt und

erhält einen neuen Farbanstrich...

Die Dinge kommen endlich ans Licht und werden somit neu geordnet!

Im Kollektiv: Neue Weltordnung!!

Das ist die wirkliche wahre Kunst des *SEHENS<3*

Mögliche Affirmation:
Ich nehme die Dinge Glasklar war und erweitere meinen Blick immer wieder aufs NEUE

Love & Light & Joy

eure Claire

Erzengel URIEL

will Dich deines Weges ein Stückweit begleiten!

Erzengel Uriel trägt viele Eigenschaften in sich wie:

Liebe - Geborgenheit - Frieden - Glückseeligkeit - Gelassenheit - Frieden - Reichtum - Licht - Freude - Lachen - Spass …

vor allem aber das Licht …

Er erleuchtet dir den Weg und weist auf Möglichkeiten für DICH

Was wünscht du dir ….

Kannst du dir diese Wünsche selbst erfüllen, wenn ja … dann schreibe diese doch mal auf ein Blatt Papier, was du für dich selbst tun kannst.

Bist du bereit dich selbst zu LIEBEN!

4. URIEL

HILFE DURCH BEDINGUNGSLOSE LIEBE

»Wo sich die Liebe bewährt, gewinnt Gott neue Würde«

Uriel wird auch Auriel genannt. Der Name bedeutet »Feuer Gottes«, »Licht Gottes«. Sein Licht entfacht die wahre Gottesliebe, die den Menschen verandrängt, in Gott zu erwachen.

Uriel, mitunter auch als Phanuel bekannt, gilt als einer der Erzengel und als einer der Seraphim, die ständig Gott umgeben. Er bestraft die Ungerechtigkeit bei den Menschen und ist der Vorsteher der Hölle.

Häufig wird er als der Engel angesprochen, der nach dem Sündenfall den Eingang ins Paradies bewacht (1. Moses 3, 24). Oft wird er auch als der Bote betrachtet, der Noah die Sintflut ankündigte (1. Moses 6) oder der im Namen Gottes mit Jakob stritt (1. Moses 32, 24).

Uriel ist schließlich der Geist des frommen Dienens und der Beruhigung. Er hilft uns, selbst schlimmste Enttäuschungen in einen Segen zu verwandeln. Uriel lehrt uns, den Weg des Herzens, der geläuterten Liebe zu beschreiten. Ohne Lauterkeit und Hingabe an die höchste Wahrheit bleibt alles Suchen Tand und Eitelkeit. Ja, es gibt auch eine spirituelle Eingebildetheit, die nicht minder sinnlos ist als jede andere Art der Eitelkeit.

Er ist der Schutzengel der Literatur und Musik. Er ist der richtige Helfer für die Urteilskraft und für die Schriftwerkerei. Er verleiht uns die Gabe des kreativen Feuers und die Macht zu prophezeien.

Er ist einer der Engel für die Notfälle. Der entscheidende Punkt ist, dass wir mit Uriels Hilfe einfach nicht zu früh aufgeben! Er schenkt uns die Geduld abzuwarten – erst Erfahrungen zu sammeln und dann zu urteilen. Im Namen der Liebe bekämpft er falsche Tabus und Vorurteile. Er gibt uns die Möglichkeit, neue Wahrheiten zu verstehen und willkommen zu heißen.

Bist du bereit dein Licht aus dir heraus strahlen zu lassen …

Bist du bereit für dich selbst zu sorgen und dich jeden Tag gut um dich zu kümmern …

Wenn ja, dann bist du bereit dich zu LIEBEN!
Wenn ja, dann bist du bereit dein gegenüber zu LIEBEN!

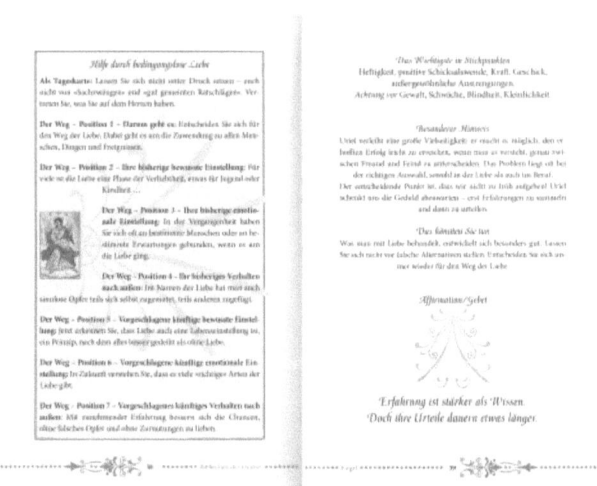

*Engel – Karten – Orakel von:

Pia Schneider & Ruth Kendell

Liebe, die höchste Kraft im Universum
ist hier um diese zu verschwenden,
damit es mehr werden kann …

LIEBE ist Göttlich …

Erzengel Uriel wird uns dabei helfen
diese höchste Eigenschaft in uns und
mit uns zu verwirklichen - leben -
lieben - lassen

Losgelöst vom Ego - losgelöst von
Anspruch und Besitz!

Erzengel Uriel:

Mögliche Affirmation:

Ich bin mit Allen Menschen Eins in
Gelassenheit und Frieden.

Ich liebe mich so wie ich bin.

Ich bin gut so wie ich bin!

Du bist immer beschützt

&

gut begleitet!

AKTIV WERDEN!

werde aktiv in Deinem

Tun & Handeln…

Auf was wartest du ….

Auf bessere Zeiten!?

Die gibt es so nicht wirklich, denn das Leben dreht sich während du dabei bist Pläne zu schmieden …

Du bestimmst dein Handeln und das was in deinem **Resonanzfeld** geschehen darf und letzten endes geschieht!

Bewusst wie Un-Bewusst.

Das ist so und DU bist dein sogenannter "Glückes Schmied"

Nicht um sonst wird und wurde diese Redewendung über Jahrhunderte benutzt und geprägt!

Aktiv werden!

Du weißt immer in deinem Herzen, was zu tun ist …

Nur das *"EGO & der KOPF"* sagen dir oft was anderes … aus der Vernunft heraus handeln aufgrund was …

Kartendeck: Doreen Virtue*

Verpflichtungen

Was sagen die Leute - Freunde - Familie dazu

Status wahren

… ja, warum nicht, wenn es dich wirklich glücklich macht …

Aber wenn es um *"Dich und deine Liebe"* zu etwas oder jemanden geht …

???

Ist das so, dann ist eine *"Herzensentscheidung"* unbedingt notwendig, weil DU sonst auf Dauer *traurig und krank* wirst …

Willst DU das wirklich … keiner will das wirklich … ist aber so.

Aktiv werden!

Deiner Willen!, damit mit DU

Klarheit & Gewissheit

in deinem Herzen erlangst und auf Dauer weiter machen kannst …

Deinen guten Weg gehen kannst … und durch das bedürftige

"Los-Lassen"

an wen - hätte - darf ich - muss ich - soll ich - wenn aber wenn dann -

endlich durch dein TUN Erleichterung erfährst!

Der Weg ist das Ziel! – Konfuzius

Herz leben!

Herz lieben & leben

**Bedingungslose Liebe leben
sich im Herzen leben - mit
sich im Herzen Eins sein**

Sein Herz mit der Seele
verbinden und über diese
Verbindung das Herz
leben und das Leben
lieben; sich lieben ihr
lieben, das werden wir ...
als Lichtbringer, denn das
ist es, wovon wir letzten
Endes genährt und
beseelt werden

Wenn die Eule in dein Leben fliegt oder dir jetzt begegnet ...

geht es um dein persönliches Spirituelles Wissen in Dir!

Sei dem gewahr, denn es will dir mitteilen, dass du frei bist.

Du bist ein freier Geist

Du bist eine freie Seele

*Ja **DU**, ja du bist ein freier **MENSCH***

Löse dich von deinen gedanklichen Beschränkungen!!

Tue das, was deinem höchsten Wohl
und dem höchstem Wohl des
Universums entspricht.

Wenn du nicht weißt, was es sein darf
… dann lausche in dich hinein!

Beschäftige dich mit Dir …

Fang an deinen wahren WEG, den
WEG der Erleuchtung zu gehen!

Befreie DICH aus Unstimmigkeiten und folge dem Ruf deines Herzens.

JA DU!!

Folge dem Ruf deiner Seele auf den Speiseplan des Lebens …

Du bist frei

Mögliche Affirmation:

Ich bin frei und übernehme die Verantwortung für mein Glück - Lich(t)- Sein –

JETZT!

Bestimmte Situationen in deinem
Leben wurden dir von der universellen
Ordnung geschickt, weil dies Lösungen
es bedarf ... ist Zeit nun deinen Weg
des Glück-Licht-Sein zu folgen.

Deine wahre Bestimmung in der Liebe
- im Tun - im Sein will nun gelebt
werden.

Alle mächtigen Wesen und vor allem
diese *geistig-spirituelle Eule* wollen
dich begleiten, dir die Augen öffnen.

Was quält dich noch; welche Schatten
wollen endgültig Erlösung finden<3

Erlösest seist du im Namen Jesu -
Gottes - Göttlichem- Universellen
Kraft!

Löse und schaffe nun Raum fürs NEUE
in deinem Glück-Licht-Sein.

Mögliche Affirmation:

Ich bin glücklich - gesund und heil!

Ich bin achtsam und liebevoll zu mir und meinem Umfeld.

Der Weg ist das Ziel! – Konfuzius*

Praxis für Psychotherapie

Clarissa M. Seite

Suchtberaterin

Reiki – Meisterin / Lehrerin

Schreibmedium

Sprechmedium

Der magische Rabe

Weiter auf meinem Blog:

ClarissaSeite.Tumblr.com

Auszug aus meinem 5. Buch

„Seelenweisheiten eines Erdenengels"

Was willst du wirklich!

Was sind deine Bedürfnisse!

Was kannst du für die Umsetzung tun!

Mögliche Affirmation:

Ich gehe voll und ganz in meine wahre Kraft und erreiche meine Wünsche & Ziele!

Love & Light & Joy

Eure Claire 🤍

Clarissa M. Seite

Göttin Isis in Dir leben

Isis als weise Frau

Die Mutter in Dir leben

[von ägypt. *Aset*, ist eine Göttin der ägyptischen Mythologie. Sie war die Göttin der Geburt, der Wiedergeburt und der Magie, aber auch Totengöttin]

Einklang

Gleichklang

Ent-spannung leben

Ur-Wurzeln bilden

Verwurzelt sein

Grün: Herzchakra

Natur leben!

Tagesimpulse heute und an Allen anderen Tagen auch ...

Mögliche Affirmation:

Ich bin <u>mir sicher</u>; mein liebevolles Tun und Handeln erhellen täglich meinen Weg

Ich bin Liebe & Licht!

Mögliche Affirmation:

Ich bin bereit; Träume werden nun wahr♥

Glaube! und versetzte den Berg, so dass Du wieder freie Sicht bekommst!

Glaube versetzt nun einmal Berge

Schönen Tag voller liebevoller Tatkraft und Muse

Wenn der Wal in dein Leben schwimmt …

Weiter auf meinem Blog:

ClarissaSeite.Tumblr.com

YouTube Kanal – Audioaufnahme:

Clarissa M. Seite

„Wenn der Wal in dein Leben schwimmt"

„Engel der Meere – Delfine"

„Der Drache, der eigentliche Phönix"

„Der Wolf als Krafttier"

„Kolibri – Herzfrequenz"

Inhaltsverzeichnis

- Der wendige Affe

- Wahrhaft mit dem Einhorn leben

- Wenn die Seele liebt, gibt es kein zurück mehr!

- Warum werde ich in der Liebe immer so verletzt

- Die Igelfamilie als Krafttier

- Selbst-Wert-Sein

- Vieles mehr

Inhaltsverzeichnis

- Der Bär im Traum

- Verbindung / Ver-bin-dung

- Wenn das Rotkehlchen fliegt

- Neu sehen lernen!

- Aktiv werden!

- Herz leben!

- Wenn die Eule kommt

- Wenn Träume Wirklichkeit werden

II Hohepriesterin

Impressum

Personendaten

Vorname Clarissa M.

Nachname Seite

Firmennamen Praxis für Psychotherapie - mediale psychologische Lebensberatung

Geburtstag 19. August 1969

Sternzeichen Löwe

Geschlecht Weiblich

Familienstand Verheiratet

Kontaktdaten

Straße Winibaldstr. 14

PLZ 82515

Ort Wolfratshausen

Land Deutschland

Webseite http://www.theralupa.de /
www.heil-verzeichnis.de

Persönliches

Über mich:

Clarissa M. Seite

Praxis für Psychotherapie nach dem HPG

Mediale psychologische Lebens-Beratung

Psychologische Beratung und Kartenlegungen auf Wunsch am Telefon

Erstkontakt: 01525 - 654 99 30

www.theralupa.de

www.heil-verzeichnis.de

BLOG: CLARISSASEITE.TUMBLR.COM

SUCHT-Beraterin (auf der Suche zum Ich)

& REIKI- Meisterin / Lehrerin

Mädchenname: Zickler

Geboren am: 19.08.1969 / Bad Neustadt a. d. Saale

Schulbildung:

Qualifizierenden Hauptschulabschluss – High - School in Louisiana - Realschulabschluss - Universität Tech in Louisiana / Ein Semester in Mathe - Geschichte und Englisch

Lehrberufe:

Verkäuferin - Einzelhandelskauffrau - Versicherungsfachfrau - Heilpraktikerin für Psychotherapie - Suchtberaterin - Reikimeisterin / Lehrerin

Aufgewachsen in Speichersdorf bei Bayreuth bis zum 18 Lebensjahr

Nach Heirat in die U.S.A / Louisiana bis zum 21 Lebensjahr

Zurück nach Deutschland / Bayreuth für ein Jahr - München vier Jahre –

Bayreuth 16 Jahre - und schließlich wieder nach München / Wolfratshausen bis zum heutigen Tag.

Mein spiritueller Weg

... hat mit den Engel begonnen, die ich schon seit meiner Kindheit sehr bewundert habe und meine Oma mütterlicher Seite hat immer sehr viel zu den Engel gebetet, dass fand ich für mich sehr prägend.

Die Engel, meine tiefe Freundschaft - Verbundenheit und Liebe!

Die Engelsbilder von meiner Oma und meinem Opa hängen heute nun neben vielen anderen Engeln im Wohnzimmer und meiner Wohnung verteilt.

Als ich mir 1992 mein erstes Kartenset / Tarot von Miki Krefting aus München kaufte ging es mit vielen Stunden - Nächten um die Ohren schlagen und Beratungen für Freunde los in Richtung Spiritueller - Medialer und guter Intuition ans Eingemachte!

Mehr und mehr interessierte ich mich für diese umfangreichen Themen wie den Glauben an Gott den Engeln - Glaubensrichtungen der Welt - Interpretationen des Tarots in verschiedenen Auslegungen und Ausführungen von White Raider zu Crowley, der Nummerologie (Dan Millman) der Traumdeutung (C. Jung) Kastl – Kant – Frankl – Freud und vieles mehr dazu.

Kartensets wie Selbstheilung von Chuck Spezzano - Göttinenzyklus - Engel von Diana Cooper - Doreen Virtue - & und dem tollen Kartenset von Pia Schneider und Ruth Kendell – **Krafttiere** von Jeanne Ruland & Murat Karacay – **Maria Magdalena** von Jeanne Ruland & Marion Hellwig - **Spirituelles Geldbewusstsein** von

Thorsten Weiss und und und runden mein Profil ab.

Kinesiologie und TCM-Medizin - Kräuterkunde - Homöopathie und die universelle Energie; erst durch die drei Reikigrade und dem Lehrer wurden diese intensiv in meinem Leben seit der Geburt meines Sohnes Frank 1997 integriert und schließlich auch privat an mir und meiner Familie - Freundeskreis und interessierten Menschen praktiziert!

2008 kam dann, nach Jahrzehnten an "üben und lernen" im Spirituellen Bereich der Beginn mit der Ausbildung zum Heilpraktikerin zur Psychotherapeutin (Gesprächstherapie nach Rogers - Psychoanalyse nach Freud) und last but least

2009 die Ausbildung zur Suchtberaterin,

2010 die Gründung der Praxis für Privatklienten und psychologische - mediale Lebensberatung am Telefon!

2014 schrieb ich mein erstes Skript "Wie werde ich ein Erdenengel"

2015

Blog: ClarissaSeite.Tumbler.Com

2015 & 2016 Buch & ebook

„Wie werde ich ein Erdenengel

„Ein Erdenengel und seine   Geschichten"

„Botschaften eines Erdenengels"

„Herzensweisheiten eines Erdenengels"

Seit 25 Jahren; seit Beginn meines ersten Kartendecks im Tarot kamen viele andere Kartendecks dazu und durch das tägliche ausüben und studieren von Fachliteratur in unterschiedlichen Bereichen hinsichtlich meiner medialen Fähigkeiten wird es immer mehr und das „Tun" immer intensiver und klarer in der Ausübung!

Üben – Üben – Üben

Lernen – Lernen – Lernen

Sein – Werden – Sein

Vereinszugehörigkeit wie:

Dachverband Geistiges Heilen

(DGH)

Verband freier Psychotherapeuten, Heilpraktiker für Psychotherapie und Psychologischer Berater e.V.

(VFP)

Mein Leitmotiv ist:

Lehrer und Schüler zugleich ;-)

Immer und immer wieder ...

auf dem Weg der sog. Meisterschaft (TOD) um wieder und Neu Wiedergeboren zu werden (Phönix aus der Asche)

Anbieter-Impressum

Umsatzsteuer-ID-Nr 82 096 358 479

Handelsregister-Nr. / Steuer-Nr. / ggfls. Geschäftsführer

Praxis - Clarissa Mathilda Seite - Heilpraktikerin für Psychotherapie[HPG] - WOR

Steuernummer – Finanzamt Wolfratshausen – 169/258/90344 – **IdNr. 82 096 358 479**

Bankverbindung – Sparda Bank Nürnberg – BLZ 760 90 500 – Kontonummer 442 50 59

[Gemäß § 4 Nr. 14 Buchst. a UStG sind Heilbehandlungen im Bereich der Humanmedizin umsatzsteuerfrei. Dazu zählen auch die Leistungen der Heilpraktiker].

Ich wünsche Dir - Dir und Dir

Lieber Leser, eine wohltuende Öffnung zu Dir und zu deiner liebevollen Natur als

„Erden-Engel"

In diesen schnelllebigen Zeiten der Jagd nach Anerkennung – Profit und Erfolgsstreben kann dies eine neue Qualität an Erleben und einer eventuellen Konzentrierung aufs Wesentliche und zukünftiger „EntSchleunigung" bewirken!

<u>Ein Dankeschön an:</u>

Meine Eltern; einzigartig in Ihrer Art

Meine Geschwister, die mich in meinem Dasein begleitet und geformt haben

I Love You All!

Meinen Sohn Frank, der mir oft den Spiegel vor Augen hält! ;-)

Buchcover von Sohn Frank fotografiert.

Eisdiele Roma in Geretsried in freundlicher Unterstützung und Genehmigung am 04.03.2017

Dieses Büchlein dient als ein kleiner Wegbegleiter „täglicher Inspiration" und als Möglichkeit einer neuen Sichtweise in der Lebensführung.

Es ersetzt weder den Rat durch einen Arzt deiner Wahl, noch dient es als Ersatz für medizinische Behandlungen von physischen und psychischen Erkrankungen aller Art!

Werdende Mutter (schwanger) ist oder sich krank fühlt oder krank ist, konsultieren Sie <u>immer zuerst einen Arzt</u> <u>Ihrer Wahl!</u>

Und denk bitte dran …

Du – Du und Du – SIE –Er – Es

trägst die Verantwortung für

Dich / Sein und dein Leben!

<u>Haftungsausschluss: Autor & Verlag</u>

Einen kraftvollen Tag voller Liebe und Licht♥

Was können wir von unseren Bäumen lernen ....

Wurzeln - Ur-Kraft 💜 Stärke 💜
Ausdauer 💜 Geduld 💜
Widerstandsfähigkeit 💜 Tun 💜 Mut
💜

Wie ein Baum durch die Jahreszeiten wandeln; sich dem Wetter und den Gegebenheiten anpassen ... den Wind strotzen und die Sonne geniesen!

Sich nicht aus der Ruhe bringen lassen; mit Geduld die Wurzeln wachsen lassen und im Ur-Vertrauen verweilen.

Das Leben genießen!

Mögliche Affirmation:

Ich bin voller Freude und genieße das Leben aus vollen Zügen 💜

Taschenbüchleins meiner ErdenEngelReihe

Erstes Buch:

"Wie werde ich ein Erdenengel"

Zweites Buch:

"Ein Erdenengel und seine Geschichten"

Drittes Buch:

„Botschaften eines Erdenengels"

Viertes Buch:

„Herzensweisheiten eines Erdenengels"

Fünftes Buch:

„Seelenweisheiten eines Erdenengels"

Weltweit als Buch & Kindlebook erhältlich!

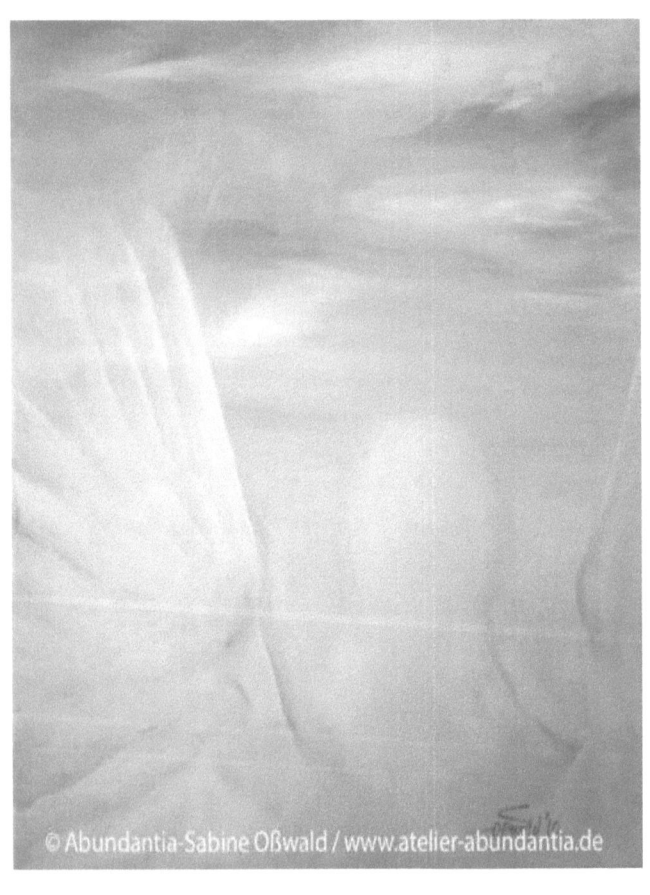

Erzengel Raphael der Heilung zu Dir bringen möchte.

https://de.wikipedia.org/wiki/Raphael_(Erzengel)

Was Wir

Loslassen

Kann

UNS

Nicht

Mehr

Festhalten

Ernst Ferstl

*Wenn Träume
Wirklichkeit werden*

Mögliche Affirmation:

Ich bin bereit; Träume werden nun wahr!

Oftmals bekommen wir bereits durch unsere Tagträume Hinweise auf das, was geschehen wird.

Oder wenn die innere Stimme mit uns spricht und sagt, wenn du das tust, dann wirst du diese Situation für dich entscheiden können.

Unsere Wahrnehmung - unsere Antennen können auf Ereignisse ausgerichtet werden.

Es benötigt hierbei nur ein bisschen Übung und wir werden von Mal zu Mal sensitiver mit unseren Gefühlen – Vorher Sehungen - und unsere Wahrnehmung wird durch unser spüren und vertiefen der Dinge immer besser!

Beispiel:

Du denkst an eine gute Freundin oder guten Freund und just in diesen Moment ruft sie / er doch tatsächlich an.

Intuition von feinsten!!

Aber kommen wir zurück zu unseren Träumen in der Nacht oder den Tag-Träumen die so an einen vorbei huschen.

Eben wie ein Traum!

Ich persönlich Träume sehr gerne, denn es ist für mich ein eintauchen in eine andere Welt; eben die Traumwelt / Parallelwelten.

Am schönsten ist es, wenn dich Tiere sogenannte Krafttier besuchen kommen und / oder Personen mit dir sprechen …

Lausche und versuche dich zu erinnern; es sind wirklich sehr wertvolle Botschaften aus der Anderswelt (Göttlichem) - der Seelen (längst verstorbenen die dich besuchen und dir beistehen wollen) und dem Universellen Geschehen.

Botschaften der AnderWelten

Wie gesagt,

Ich bin bereit;

Träume werden nun wahr!

Schlafe wohl und träume süß

Nur der der träumt kann auch den Tag erleben.

Eure Claire

HEIMAT

"Heimat der Lichtbringerin Claire"

Heimat ein tiefes "Gefühl von Geborgenheit und Liebe"!

Home is where the heart is

"Herzensruf"

Audio auf YouTube:

 Clarissa M. Seite

Folge dem Ruf deines Herzens und lausche der Sehnsucht deiner Seele.

Wenn die Seele liebt, gibt es kein zurück mehr …

Die Heimat der Lichtbringerin Claire; für mich erworben von Sabine im Januar 2017*

Wenn die Heimat im inneren ruft, dann
folge deinen Ruf - den Ruf deines
Herzens ...

Für mich ist dieser Ort das Wissen
Atlantis in den Pyramiden geborgen
bewahrt und warten auf den Moment
des Widererwachens in UNS ...

Jeder zu seiner Zeit!

Das universelle Wissen bewahrt wie ein
reicher Schatz, der sich allmählich in
unserem Bewusst-Sein wieder durch
Impulse - Intuition - Wissen das es so
ist - zeigt!

Mehr und mehr verstehen wir wieder
die wahre Bedeutung des Lebens und
des miteinander ...

Die Sehnsucht nach dem Mit-ein-ander
und vor allem das Leben im Einklang
mit Natur - Fauna und Tier möchte All-
Ein-Sein gelebt werden.

Der Wunsch und das Bedürfnis nach Gleichklang und Einheit in der Vielfalt wächst.

Wir spüren, dass wir Alle Mit-ein-ander verbunden sind!!

Atlantis erwacht wieder in Uns - JETZT!

Die Tore sind offen und viele viele und noch mehr geistig - spirituelle Wesen vereinen sich im Kollektiv und bewegen die Schwingung hin zu einer sehr hohen Frequenz in eine noch höhere Dimension …

Eine Dimension, sehr vielschichtig und vielseitig in UNS und um uns in LIEBE

Liebe in Ihrer reinsten Form!

Mögliche Affirmation:

Ich bin im Gleich-Klang mit mir, der Welt und das Wissen von Atlantis fließt nun sanft durch mich in Alle Zellen meines SEINS

Love & Light & Joy

Eure Lichtbringerin Claire*